Impressum
Verlag: BABADADA GmbH, Nedderfeld 112 , 22529 Hamburg
Geschäftsführer / Verlagsleitung: Harald Hof
Druck: Books on Demand GmbH, In de Tarpen 42, 22848 Norderstedt

Imprint
Publisher: BABADADA GmbH, Nedderfeld 112 , 22529 Hamburg, Germany
Managing Director / Publishing direction: Harald Hof
Print: Books on Demand GmbH, In de Tarpen 42, 22848 Norderstedt, Germany

škola
школа

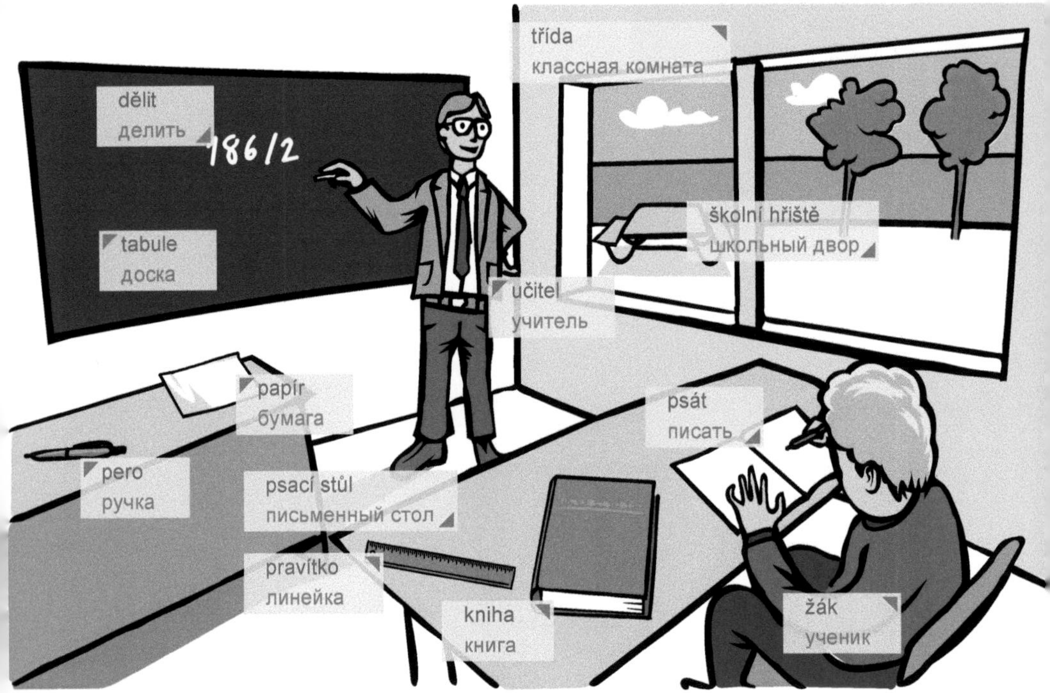

třída
классная комната
dělit
делить
186/2
tabule
доска
školní hřiště
школьный двор
učitel
учитель
papír
бумага
psát
писать
pero
ручка
psací stůl
письменный стол
pravítko
линейка
kniha
книга
žák
ученик

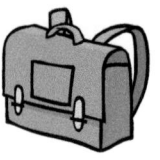

aktovka

ранец

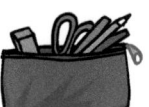

penál

пенал

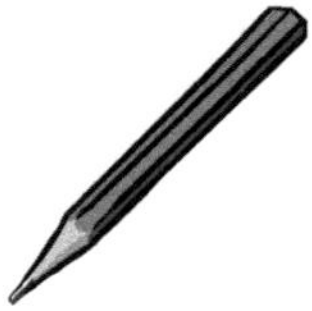

tužka

карандаш

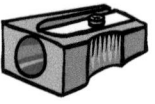

ořezávátko

точилка

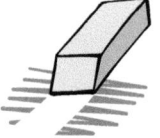

guma

ластик

blok na kreslení

альбом для рисования

výkres

рисунок

štětec

кисточка

malířské potřeby

коробка красок

nůžky

ножницы

lepidlo

клей

cvičebnice

тетрадь

domácí úkol

домашняя работа

počet

цифра

sčítat

прибавлять

odčítat

вычитать

násobit

умножать

počítat

считать

písmeno

буква

abeceda

алфавит

slovo

слово

text

текст

číst

читать

křída

мел

hodina

урок

třídní kniha

классный журнал

zkouška

экзамен

vysvědčení

диплом

školní uniforma

школьная форма

vzdělání

образование

encyklopedie

энциклопедия

univerzita

университет

mikroskop

микроскоп

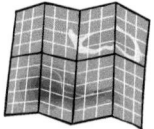

karta

карта

odpadkový koš na papír

корзина для бумаг

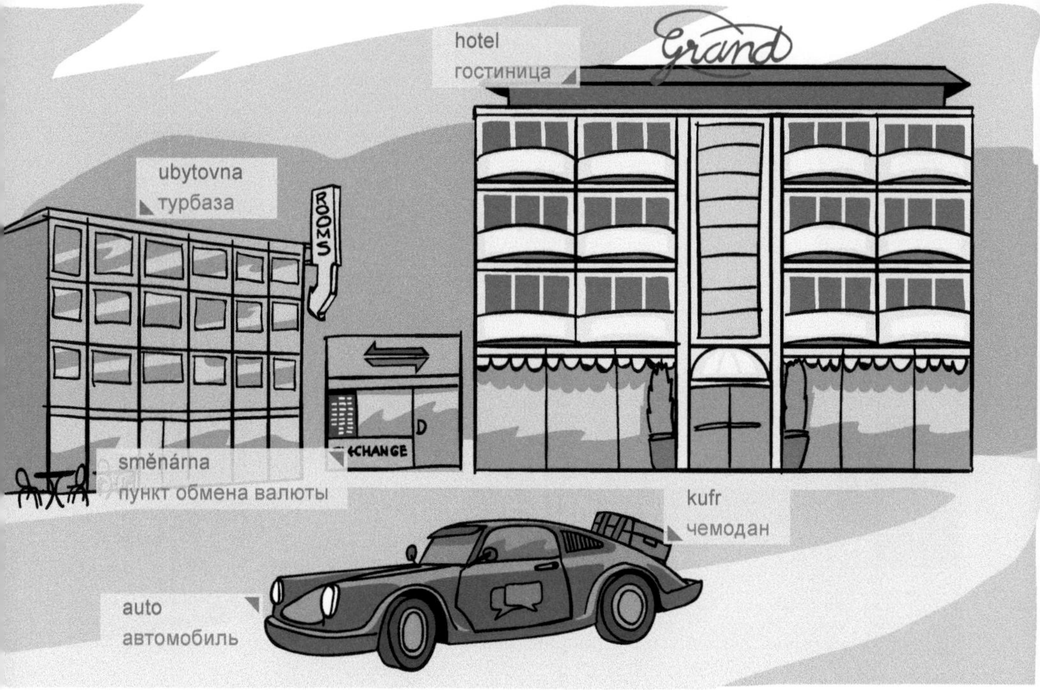

hotel
гостиница

Grand

ubytovna
турбаза

ROOMS

směnárna
пункт обмена валюты

EXCHANGE

kufr
чемодан

auto
автомобиль

jazyk

язык

ano / ne

да / нет

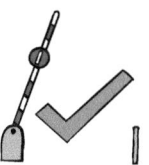

oukej

хорошо

Ahoj!

Привет

překladatel

переводчик

děkuji

Спасибо

Kolik stojí...?

Сколько стоит...?

nerozumím

Я не понимаю

problém

проблема

Dobrý večer!

Добрый вечер!

Dobré ráno!

Доброе утро!

Dobrou noc!

Доброй ночи!

na shledanou

До свидания

směr

направление

zavazadlo

багаж

taška

сумка

batoh

рюкзак

host

гость

pokoj

комната

spací pytel

спальный мешок

stan

палатка

turistické informace

туристическая информация

pláž

пляж

kreditní karta

кредитная карточка

snídaně

завтрак

oběd

обед

večeře

ужин

jízdenka

билет

výtah

лифт

poštovní známka

почтовая марка

hranice

граница

clo

таможня

poselství

посольство

vízum

виза

pas

паспорт

transport
транспорт

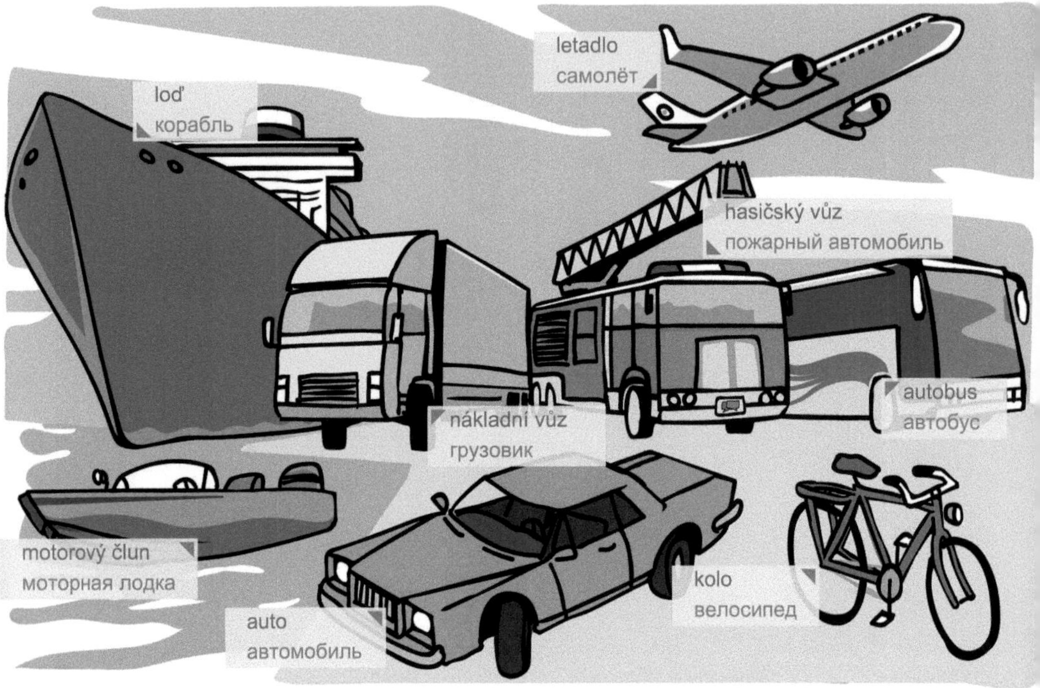
letadlo
самолёт
loď
корабль
hasičský vůz
пожарный автомобиль
autobus
автобус
nákladní vůz
грузовик
motorový člun
моторная лодка
kolo
велосипед
auto
автомобиль

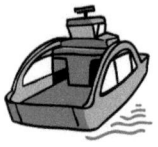

přívoz

паром

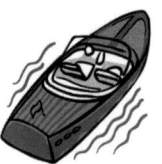

člun

лодка

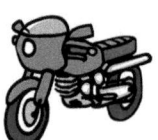

motorka

мотоцикл

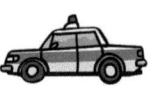

policejní auto

полицейский автомобиль

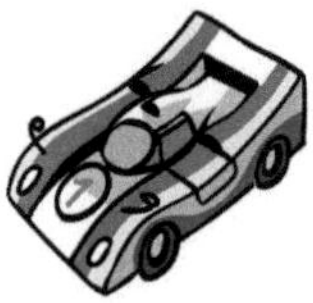

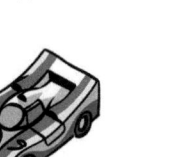

závodní auto

гоночный автомобиль

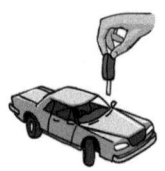

pronajaté auto

арендованный автомобиль

sdílení aut

совместное пользование
автомобилями

odtahová služba

буксировочный
автомобиль

popelářský vůz

мусоровоз

motor

двигатель

palivo

топливо

čerpací stanice

заправка

dopravní značka

дорожный знак

doprava

движение

dopravní zácpa

пробка

parkoviště

автостоянка

vlakové nádraží

вокзал

koleje

рельсы

vlak

поезд

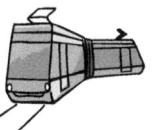

tramvaj

трамвай

vagón

вагон

helikoptéra

вертолёт

letiště

аэропорт

věž

вышка

pasažér

пассажир

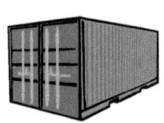

kontejner

контейнер

kartón

коробка

trakař

тележка

koš

корзина

vzlétnout / přistát

взлетать / приземляться

město

город

vesnice

деревня

střed města

центр города

dům

дом

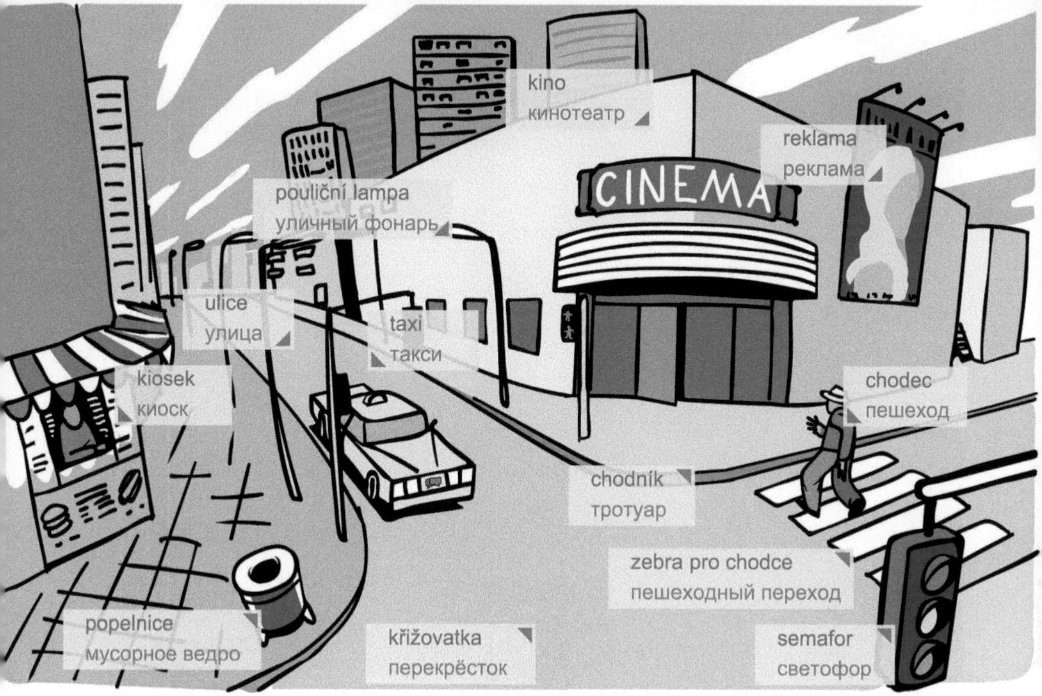

CINEMA
kino
кинотеатр
reklama
реклама
pouliční lampa
уличный фонарь
ulice
улица
taxi
такси
kiosek
киоск
chodec
пешеход
chodník
тротуар
zebra pro chodce
пешеходный переход
popelnice
мусорное ведро
křižovatka
перекрёсток
semafor
светофор

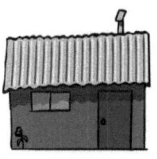

chata

хижина

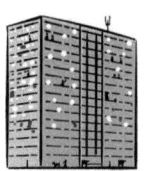

byt

квартира

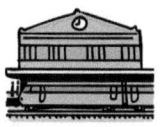

vlakové nádraží

вокзал

radnice

ратуша

MUSEUM

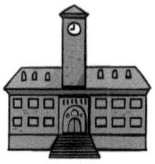

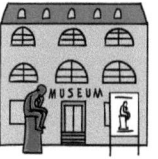

muzeum

музей

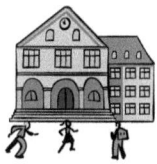

škola

школа

univerzita

университет

banka

банк

nemocnice

больница

hotel

гостиница

lékárna

аптека

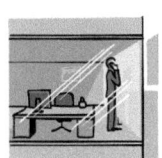

kancelář

офис

knihkupectví

книжный магазин

obchod

магазин

květinářství

цветочный магазин

supermarket

супермаркет

tržnice

рынок

obchodní dům

универмаг

rybárna

торговец рыбой

nákupní centrum

торговый центр

přístav

порт

park

парк

lavička

скамейка

most

мост

schody

лестница

metro

метро

tunel

тоннель

autobusová zastávka

автобусная остановка

bar

бар

restaurace

ресторан

poštovní schránka

почтовый ящик

pouliční tabule

табличка с названием улицы

parkovací hodiny

паркометр

zoo

зоопарк

plovárna

бассейн

mešita

мечеть

usedlost

ферма

znečišťování životního prostředí

загрязнение окружающей среды

hřbitov

кладбище

církev

церковь

hřiště

детская площадка

chrám

храм

krajina

ландшафт

list
лист

rozcestník
дорожный указатель

cesta
дорога

louka
луг

kámen
камень

strom
дерево

turista
путешественник

řeka
река

tráva
трава

květina
цветок

údolí

долина

hora

гора

jezero

озеро

les

лес

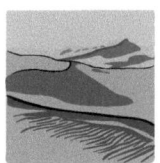

poušť

пустыня

sopka

вулкан

zámek

замок

duha

радуга

houba

гриб

palma

пальма

komár

комар

moucha

муха

mravenec

муравей

včela

пчела

pavouk

паук

krajina - ландшафт

brouk
жук

žába
лягушка

veverka
белка

ježek
еж

zajíc
заяц

sova
сова

pták
птица

labuť
лебедь

divoké prase
кабан

jelen
олень

los
лось

přehrada
плотина

větrné kolo
ветряной генератор

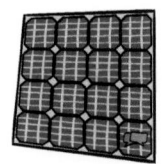

solární panel
солнечная батарея

podnebí
климат

restaurace
ресторан

číšník
официант
jídelní lístek
меню
židle
стул
polévka
суп
pizza
пицца
ubrus
скатерть
příbor
столовые приборы

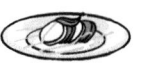

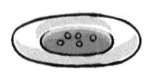

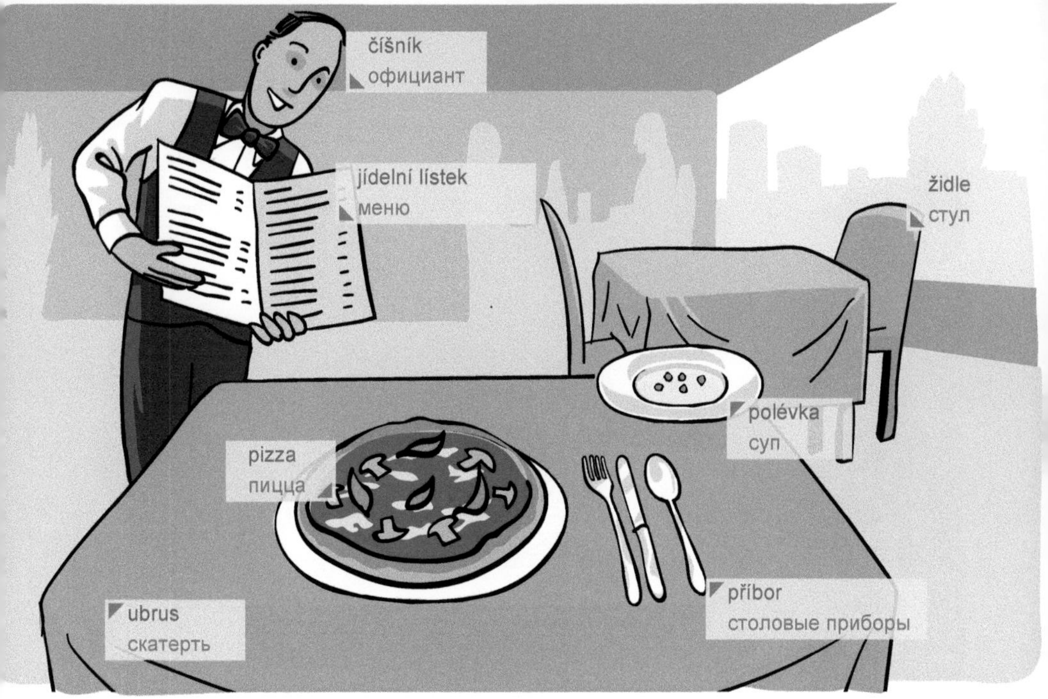

předkrm

закуска

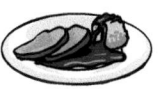

hlavní chod

главное блюдо

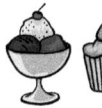

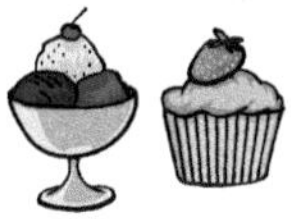

dezert

десерт

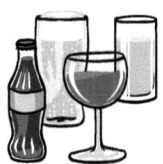

nápoje

напитки

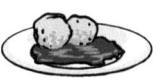

jídlo

еда

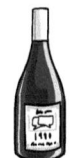

láhev

бутылка

rychlé občerstvení

фастфуд

pouliční občerstvení

уличная еда

čajová konvice

чайник

cukřenka

сахарница

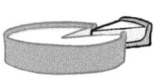

porce

порция

kávovar na espresso

кофеварка

dětská stolička

детский стульчик

faktura

счет

tác

поднос

nůž

нож

vidlička

вилка

lžíce

ложка

čajová lyžička

чайная ложка

ubrousek

салфетка

sklenička

стакан

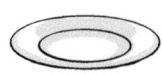

talíř
....
тарелка

talíř na polévku
....
суповая тарелка

podšálek
....
блюдце

omáčka
....
соус

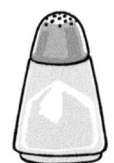

slánka
....
солонка

mlýnek na pepř
....
мельница для перца

ocet
....
уксус

olej
....
масло

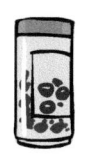

koření
....
специи

kečup
....
кетчуп

hořčice
....
горчица

majonéza
....
майонез

nabídka
специальное предложение

zákazník
покупатель

mléčné výrobky
молочные продукты

FOR

nákupní vozík
тележка для покупок

ovoce
фрукты

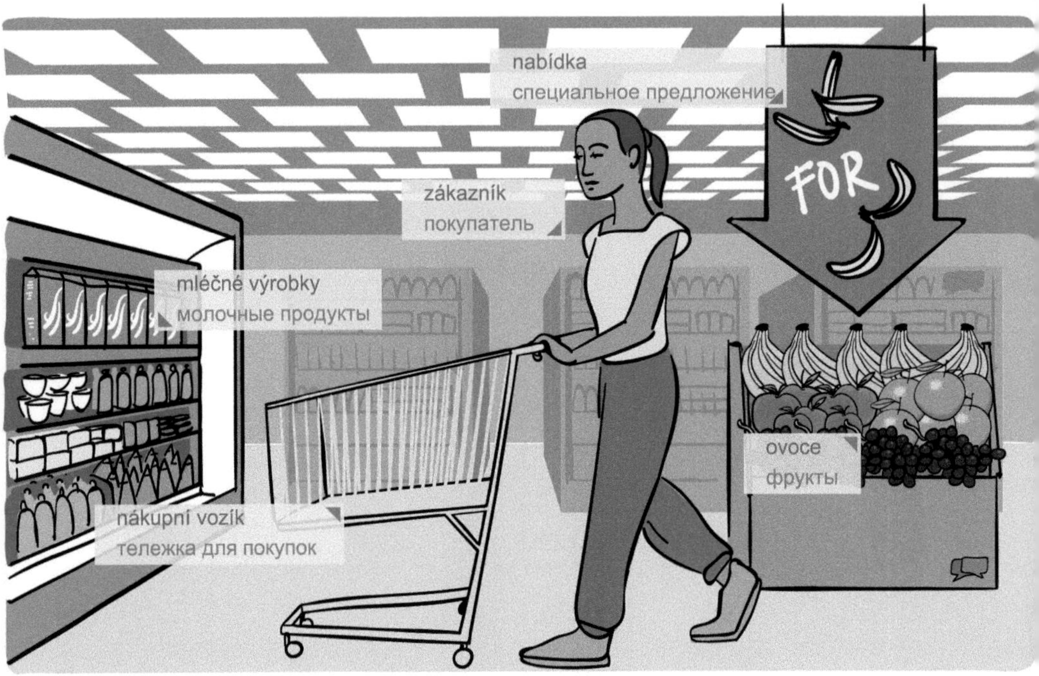

masna

мясной магазин

pekařství

пекарня

vážit

взвешивать

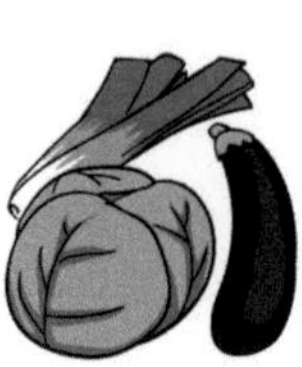

zelenina

овощи

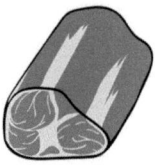

maso

мясо

mražené potraviny

быстрозамороженные
продукты

obložený talíř

нарезка

konzervy

консервы

prací prášek

стиральный порошок

cukrovinky

сладости

výrobky pro domácnost

предмет домашнего
обихода

čisticí prostředek

моющее средство

prodavačka

продавщица

pokladna

касса

pokladní

кассир

nákupní seznam

список покупок

otevírací doba

время работы

peněženka

бумажник

kreditní karta

кредитная карточка

taška

сумка

igelitová taška

полиэтиленовый пакет

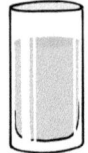

voda

вода

džus

сок

mléko

молоко

kola

кока-кола

víno

вино

pivo

пиво

alkohol

алкоголь

kakao

какао

čaj

чай

káva

кофе

espresso

эспрессо

kapučíno

капучино

banán

банан

jablko

яблоко

pomeranč

апельсин

meloun

арбуз

citrón

лимон

mrkev

морковь

česnek

чеснок

bambus

бамбук

cibule

лук

houba

гриб

ořechy

орехи

těstoviny

лапша

špageti

спагетти

rýže

рис

salát

салат

hranolky

картофель фри

americké brambory

жареный картофель

pizza

пицца

hamburger

гамбургер

sendvič

сэндвич

řízek

шницель

šunka

ветчина

salám

салями

salám

колбаса

kuře

курица

pečeně

жаркое

ryby

рыба

ovesné vločky

овсяные хлопья

müsli

мюсли

vločky

кукурузные хлопья

mouka

мука

croissant

круассан

houska

булочка

chléb

хлеб

toast

тост

sušenky

печенье

máslo

масло

tvaroh

творог

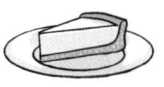

buchta

пирог

vejce

яйцо

volské oko

яичница

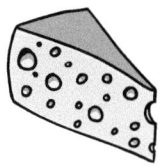

sýr

сыр

zmrzlina

мороженое

cukr

сахар

med

мёд

marmeláda

мармелад

nugátový krém

крем с нугой

kari

карри

usedlost
ферма

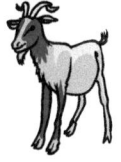

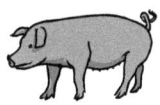

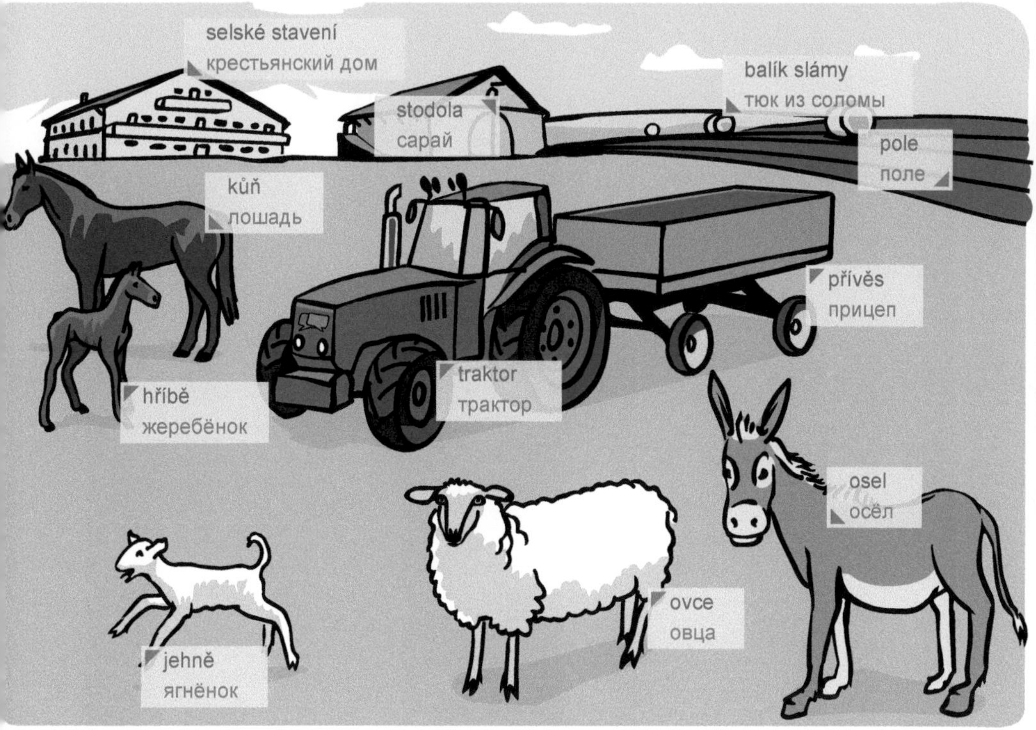
selské stavení
крестьянский дом
stodola
сарай
balík slámy
тюк из соломы
pole
поле
kůň
лошадь
přívěs
прицеп
traktor
трактор
hříbě
жеребёнок
osel
осёл
ovce
овца
jehně
ягнёнок

koza
коза

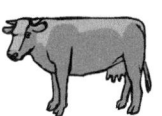

kráva
корова

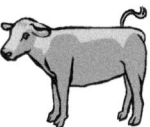

tele
телёнок

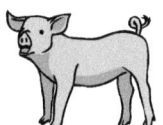

prase
свинья

sele
поросёнок

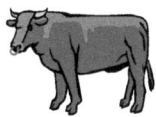

býk
бык

husa

гусь

kachna

утка

kuře

цыплёнок

slepice

курица

kohout

петух

krysa

крыса

kočka

кошка

myš

мышь

vůl

вол

pes

собака

psí bouda

конура

zahradní hadice

садовый шланг

kropicí konev

лейка

kosa

коса

pluh

плуг

srp
серп

motyka
мотыга

vidle
навозные вилы

sekera
топор

kolecko
тачка

koryto
корыто

konev na mléko
бидон для молока

pytel
мешок

plot
забор

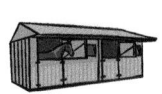

stáj
хлев

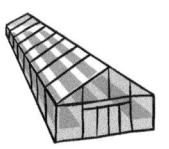

skleník
теплица

půda
почва

osivo
посев

hnojivo
удобрение

kombajn
комбайн

sklidit

собирать урожай

sklizeň

урожай

smldinec

ямс

pšenice

пшеница

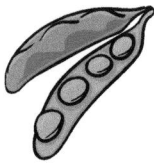

sója

соя

brambora

картофель

kukuřice

кукуруза

řepka

рапс

ovocný strom

фруктовое дерево

maniok

маниок

obilí

злаки

komín
дымоход

střecha
крыша

okap
водосточный желоб

okno
окно

garáž
гараж

zvonek
звонок

dveře
дверь

popelnice
мусорное ведро

dopisní schránka
почтовый ящик

zahrada
сад

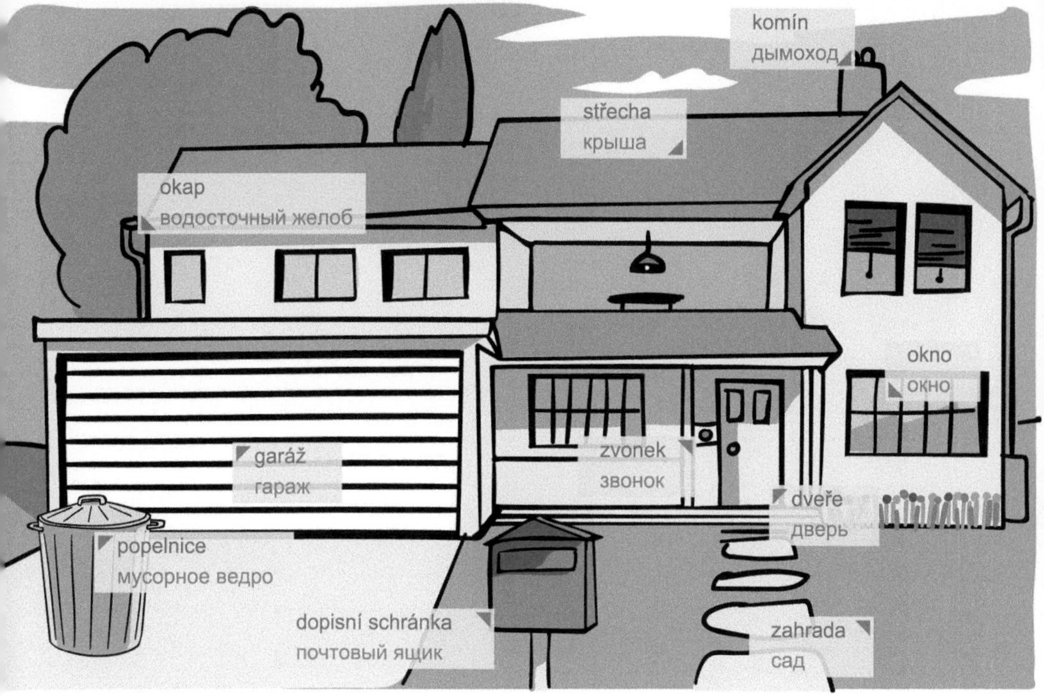

obývací pokoj

гостиная

koupelna

ванная комната

kuchyně

кухня

ložnice

спальня

dětský pokoj

детская комната

jídelna

столовая

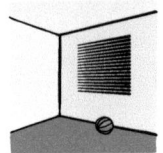

podlaha

пол

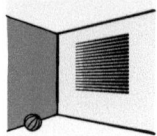

zeď

стена

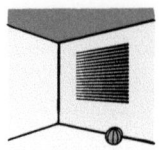

deka

потолок

sklep

подвал

sauna

сауна

balkón

балкон

terasa

терраса

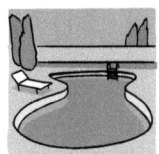

bazén

бассейн

sekačka na trávu

газонокосилка

ložní prádlo

пододеяльник

lůžková přikrývka

покрывало

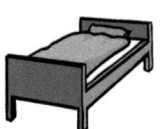

postel

кровать

smeták

метла

kýbl

ведро

vypínač

выключатель

obývací pokoj

гостиная

tapeta
обои
obrázek
рисунок
žárovka
лампа
police
полка
skříň
шкаф
televizor
телевизор
komín
камин
květina
цветок
polštář
подушка
gauč
диван
váza
ваза
dálkový ovladač
пульт дистанционного управления

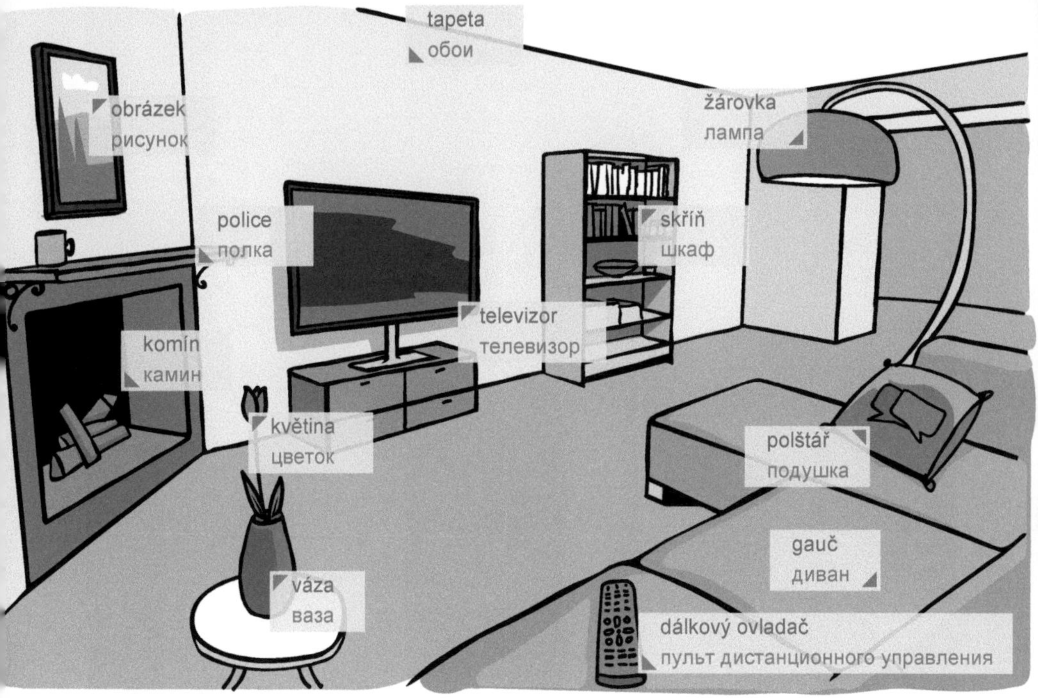

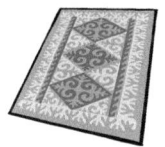

koberec

ковёр

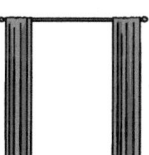

závěs

штора

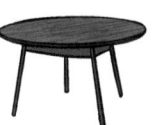

stůl

стол

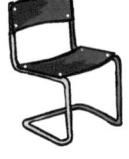

židle

стул

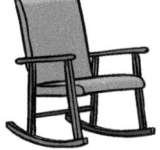

houpací křeslo

кресло-качалка

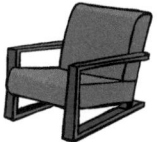

křeslo

кресло

kniha

книга

strop

покрывало

ozdoba

украшение

palivové dříví

дрова

film

фильм

stereo souprava

стереосистема

klíč

ключ

noviny

газета

malba

картина

plakát

плакат

rádio

радио

poznámkový blok

блокнот

vysavač

пылесос

kaktus

кактус

svíce

свеча

kuchyně
кухня

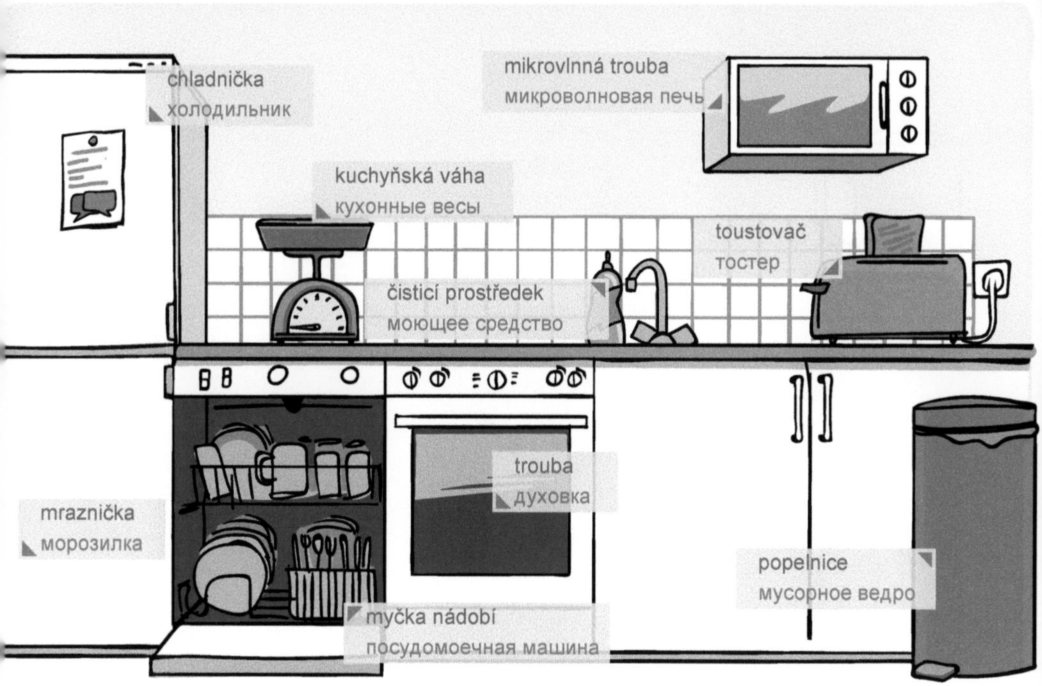
chladnička
холодильник
mikrovlnná trouba
микроволновая печь
kuchyňská váha
кухонные весы
toustovač
тостер
čisticí prostředek
моющее средство
trouba
духовка
mraznička
морозилка
popelnice
мусорное ведро
myčka nádobí
посудомоечная машина

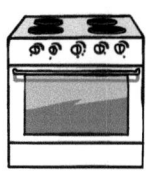

sporák
плита

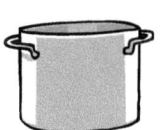

hrnec
кастрюля

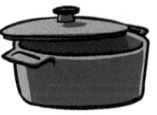

litinový hrnec
чугунный котелок

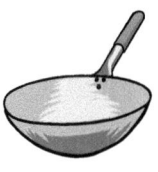

wok / kadai
вок / кадай

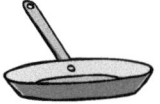

pánev
сковорода

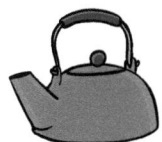

varná konvice
чайник

parní hrnec

пароварка

plech na pečení

противень

nádobí

посуда

hrnek

кружка

miska

миска

jídelní hůlky

палочки для еды

naběračka

половник

obracečka

лопатка

metla

сбивалка

síto

сито

cedník

сито

struhadlo

тёрка

hmoždíř

ступка

gril

гриль

ohniště

костёр

prkénko na krájení

доска

váleček na těsto

скалка

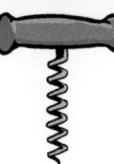

vývrtka

штопор

dóza

жестяная банка

otvírák na konzervy

консервный нож

chňapka

прихватка

umyvadlo

раковина

kartáč na nádobí

щетка

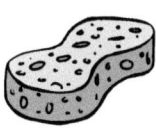

houba

губка

mixér

миксер

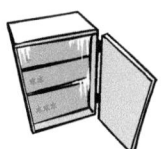

mrazák

морозильная камера

dětská lahev

бутылочка для кормления

kohoutek

кран

kuchyně - кухня

koupelna

ванная комната

topení
отопление
ručník
полотенце
sprcha
душ
sprchový závěs
душевая занавеска
pěnová koupel
пенистая ванна
vana
ванна
sklenička
стакан
pračka
стиральная машина
kohoutek
кран
obkladačky
плитка
nočník
горшок
umyvadlo
раковина

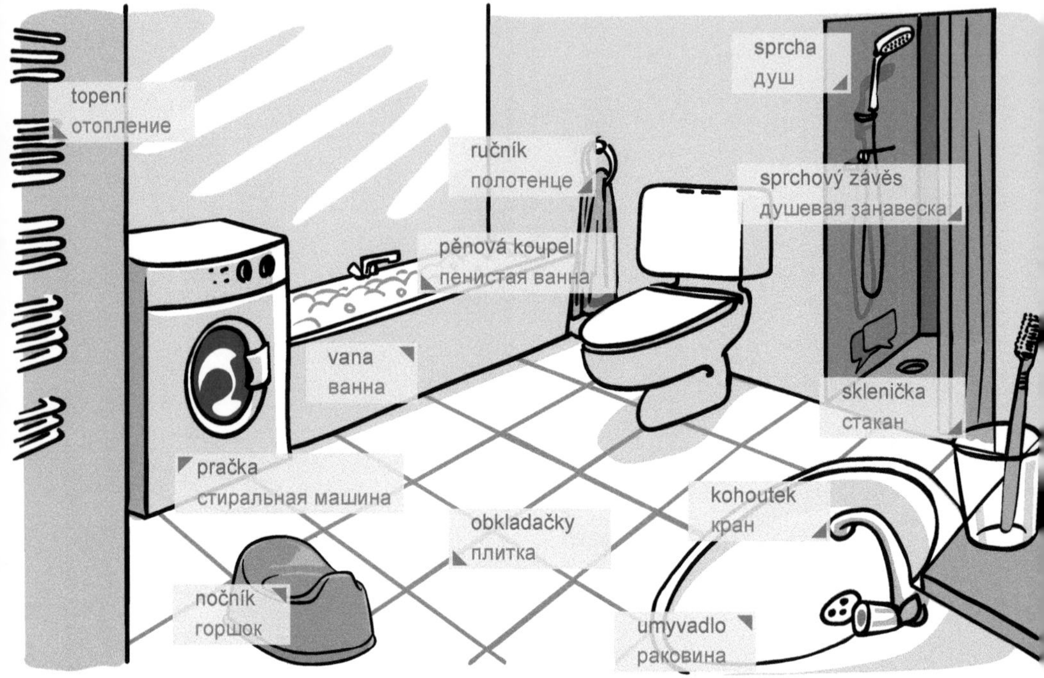

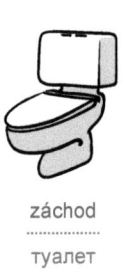

záchod

туалет

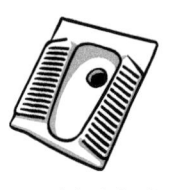

turecký záchod

напольный унитаз

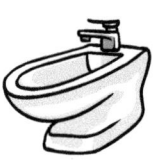

bidet

биде

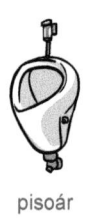

pisoár

писсуар

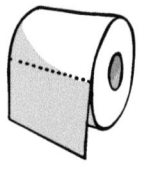

toaletní papír

туалетная бумага

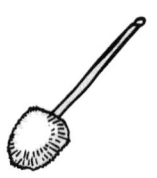

záchodová štětka

ершик

zubní kartáček

зубная щетка

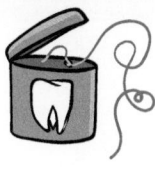

zubní pasta

зубная паста

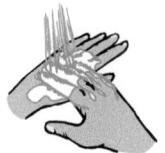

zubní niť

зубная нить

mýt

мыть

ruční sprcha

ручной душ

intimní sprcha

интимный душ

umyvadlo

таз

kartáč na záda

щетка для спины

mýdlo

мыло

sprchový gel

гель для душа

šampón

шампунь

žínka

мочалка

odpad

сток

krém

крем

deodorant

дезодорант

zrcadlo

зеркало

kosmetické zrcátko

ручное зеркало

holicí strojek

бритва

pěna na holení

пена для бритья

voda po holení

лосьон после бритья

hřeben

расческа

kartáč

щетка

fén

фен

lak na vlasy

лак для волос

makeup

косметика

rtěnka

губная помада

lak na nehty

лак для ногтей

vata

вата

nůžky na nehty

маникюрные ножницы

parfém

духи

taška s toaletními potřebami

косметичка

stolička

табуретка

váha

весы

župan

халат

gumové rukavice

резиновые перчатки

tampón

тампон

dámská vložka

гигиеническая прокладка

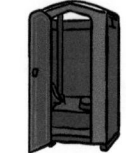

chemická toaleta

биотуалет

dětský pokoj
детская комната

budík
будильник
plyšová hračka
мягкая игрушка
autíčko
игрушечный автомобиль
chrastítko
погремушка
domeček pro panenky
кукольный домик
dárek
подарок

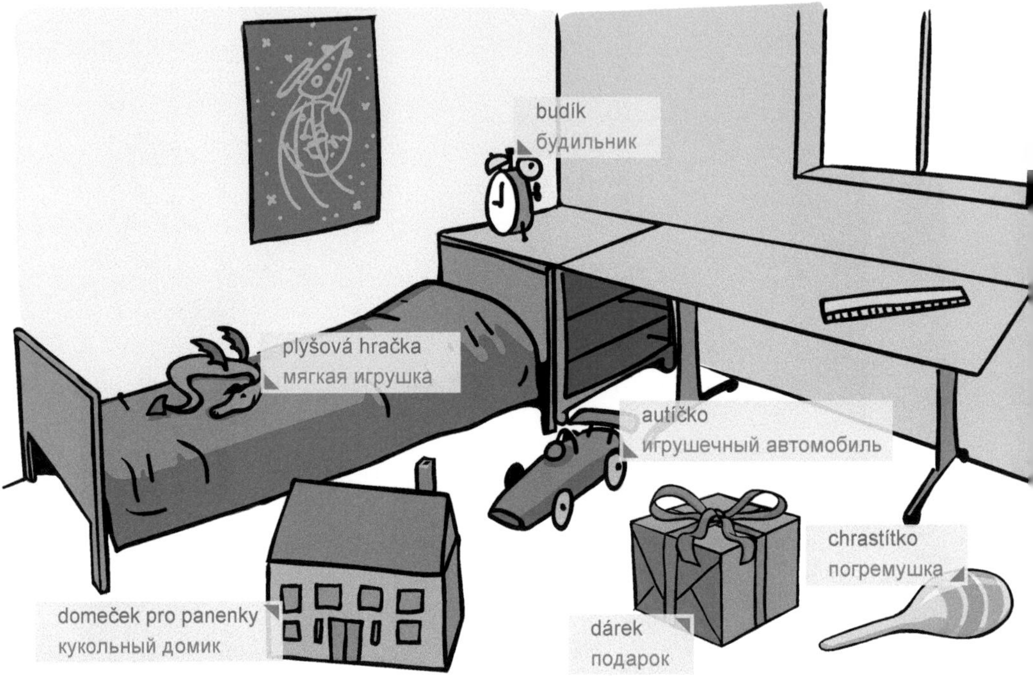

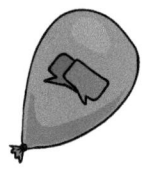

balón

воздушный шар

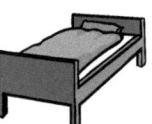

postel

кровать

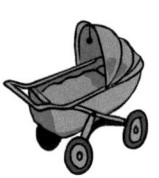

kočárek

детская коляска

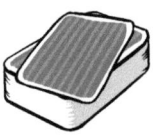

balíček karet

карточная игра

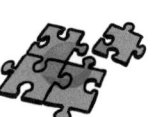

puzzle

пазл

komiks

комикс

lego kostky

кирпичики Лего

stavebnice

кубики

akční figurka

игрушечная фигурка

dupačky

ползунки

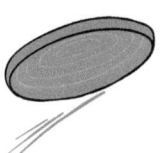

frisbee

фрисби

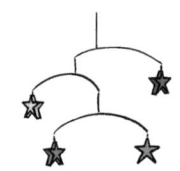

závěsné hračky nad postýlku

мобиле

desková hra

настольная игра

kostky

кубик

modelová železnice

модель железной дороги

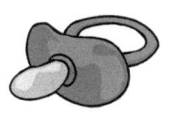

dudlík

соска

oslava

вечеринка

obrázková kniha

книга с картинками

míč

мяч

panenka

кукла

hrát si

играть

pískoviště

песочница

houpačka

качели

hračky

игрушка

hrací konzole

игровая приставка

tříkolka

трёхколесный велосипед

medvídek

плюшевый медвежонок

šatník

шкаф для одежды

oblečení

одежда

ponožky

носки

punčochy

чулки

punčochové kalhoty

колготки

šála
шарф

deštník
зонтик

pásek
ремень

tričko
футболка

kozačky
сапоги

domácí obuv
тапки

tenisky
кроссовки

sandály

сандалии

obuv

ботинки

holínky

резиновые сапоги

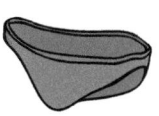

spodní prádlo

трусы

podprsenka

бюстгальтер

nátělník

майка

body
боди

kalhoty
брюки

džíny
джинсы

sukně
юбка

blůza
блузка

košile
рубашка

svetr
свитер

mikina
свитер

blejzr
спортивная куртка

bunda
жакет

kabát
пальто

pláštěnka
плащ

kostým
костюм

šaty
платье

svatební šaty
свадебное платье

oblek

мужской костюм

noční košile

ночная сорочка

pyžamo

пижама

sárí

сари

šátek na hlavu

платок

turban

тюрбан

burka

паранджа

kaftan

кафтан

abája

абайя

plavky

купальник

pánské plavky

плавки

kraťasy

шорты

tepláková souprava

спортивный костюм

zástěra

фартук

rukavice

перчатки

knoflík

пуговица

brýle

очки

náramek

браслет

náhrdelník

цепочка

prsten

кольцо

náušnice

серьга

čepice

шапка

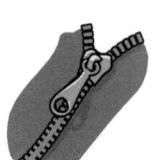

ramínko

вешалка

klobouk

шляпа

kravata

галстук

zip

застежка молния

helma

шлем

kšandy

подтяжки

školní uniforma

школьная форма

uniforma

форма

bryndák

детский нагрудник

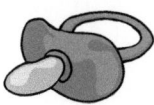

dudlík

соска

plena

подгузник

kancelář

офис

server
сервер

kartotéka
канцелярский шкаф

tiskárna
принтер

papír
бумага

monitor
монитор

psací stůl
письменный стол

myš
мышь

šanon
папка

klávesnice
клавиатура

odpadkový koš na papír
корзина для бумаг

židle
стул

počítač
компьютер

hrnek na kávu

кофейная кружка

kalkulačka

калькулятор

internet

интернет

notebook

ноутбук

dopis

письмо

zpráva

сообщение

mobil

мобильный телефон

síť

сеть

kopírka

ксерокс

software

программа

telefon

телефон

zásuvka

розетка

fax

факс

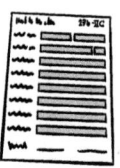

formulář

формуляр

dokument

документ

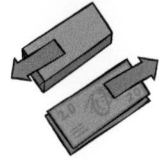

nakupovat
покупать

zaplatit
платить

jednat
торговать

peníze
деньги

dolar
доллар

euro
евро

jen
иена

rubl
рубль

frank
франк

juan
жэньминьби юань

rupie
рупия

bankomat
банкомат

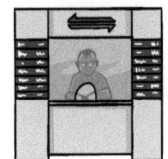

směnárna

пункт обмена валюты

zlato

золото

stříbro

серебро

olej

нефть

energie

энергия

cena

цена

smlouva

договор

daň

налог

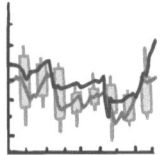

akcie

акция

pracovat

работать

zaměstnanec

служащий

zaměstnavatel

работодатель

továrna

фабрика

obchod

магазин

povolání
профессии

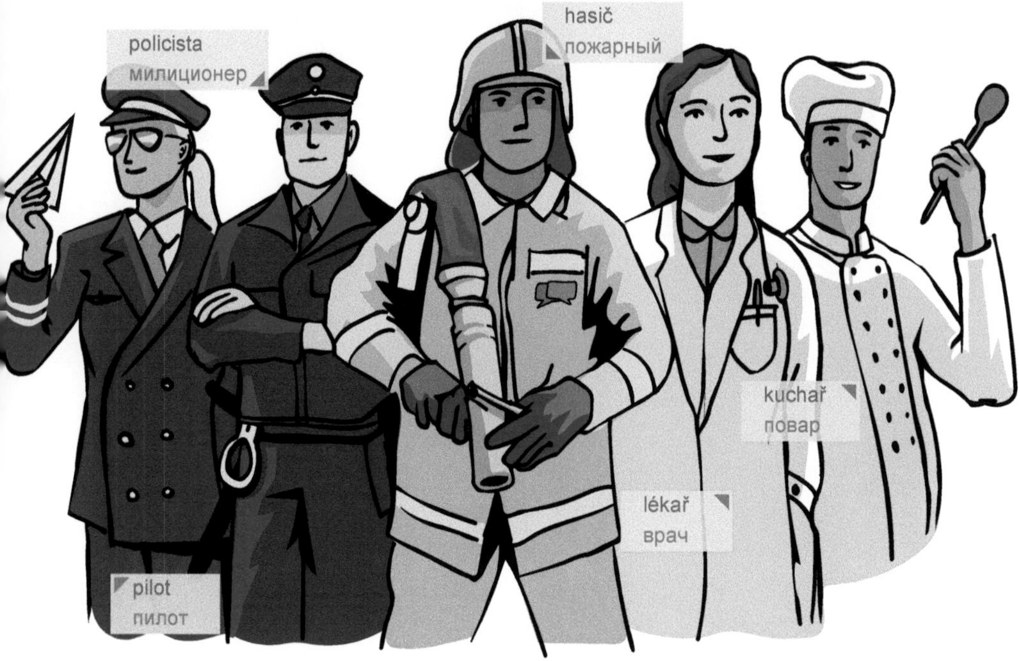
policista
милиционер
hasič
пожарный
kuchař
повар
lékař
врач
pilot
пилот

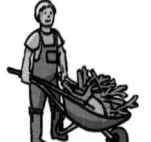

zahradník

садовник

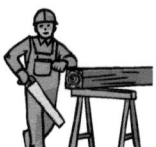

truhlář

столяр

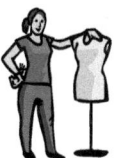

švadlena

швея

soudce

судья

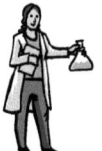

chemik

химик

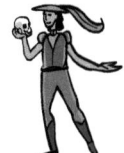

herec

актёр

řidič autobusu

водитель автобуса

řidič taxi

таксист

rybář

рыбак

uklízečka

уборщица

pokrývač

кровельщик

číšník

официант

myslivec

охотник

malíř

художник

pekař

пекарь

elektrikář

электрик

stavební dělník

строитель

inženýr

инженер

řezník

мясник

klempíř

сантехник

listonoš

почтальон

voják

солдат

architekt

архитектор

pokladní

кассир

florista

флорист

kadeřník

парикмахер

průvodčí

кондуктор

mechanik

механик

kapitán

капитан

zubař

зубной врач

vědec

ученый

rabín

раввин

imám

имам

mnich

монах

duchovní

священник

nářadí
инструменты

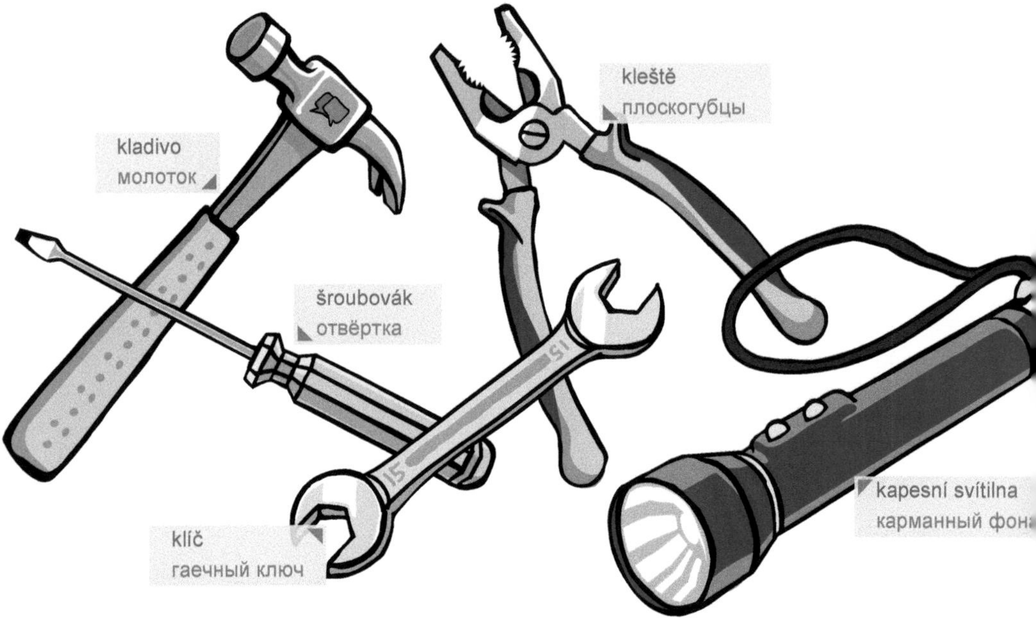
kladivo
молоток
kleště
плоскогубцы
šroubovák
отвёртка
klíč
гаечный ключ
kapesní svítilna
карманный фон

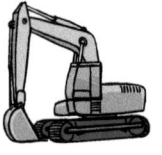

bagr

экскаватор

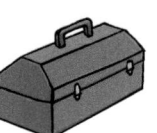

skříň na nářadí

ящик для инструментов

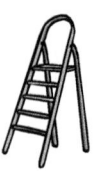

žebřík

стремянка

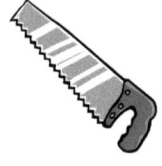

pila

пила

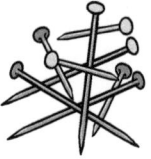

hřebíky

гвозди

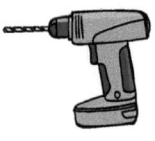

vrtačka

дрель

opravit

ремонтировать

lopata

лопата

Kurva!

Блин!

lopatka

совок

vědroé na barvu

ведро с краской

šrouby

винты

hudební nástroje

музыкальные инструменты

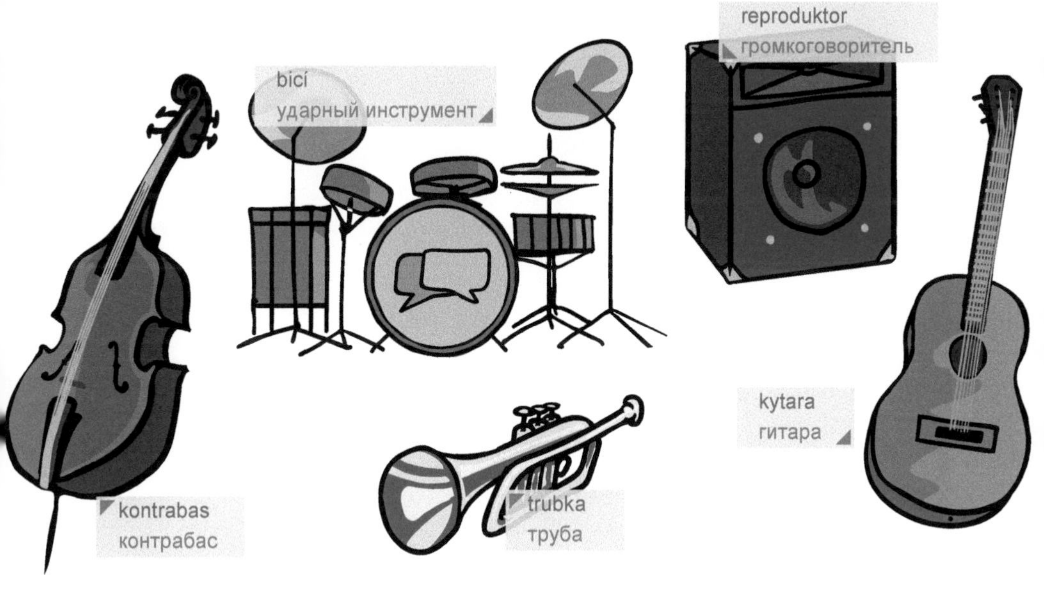

reproduktor
громкоговоритель

bicí
ударный инструмент

kytara
гитара

kontrabas
контрабас

trubka
труба

klavír

пианино

housle

скрипка

basa

бас-гитара

tympán

литавры

bubny

барабан

keyboard

синтезатор

saxofon

саксофон

flétna

флейта

mikrofon

микрофон

zoo

зоопарк

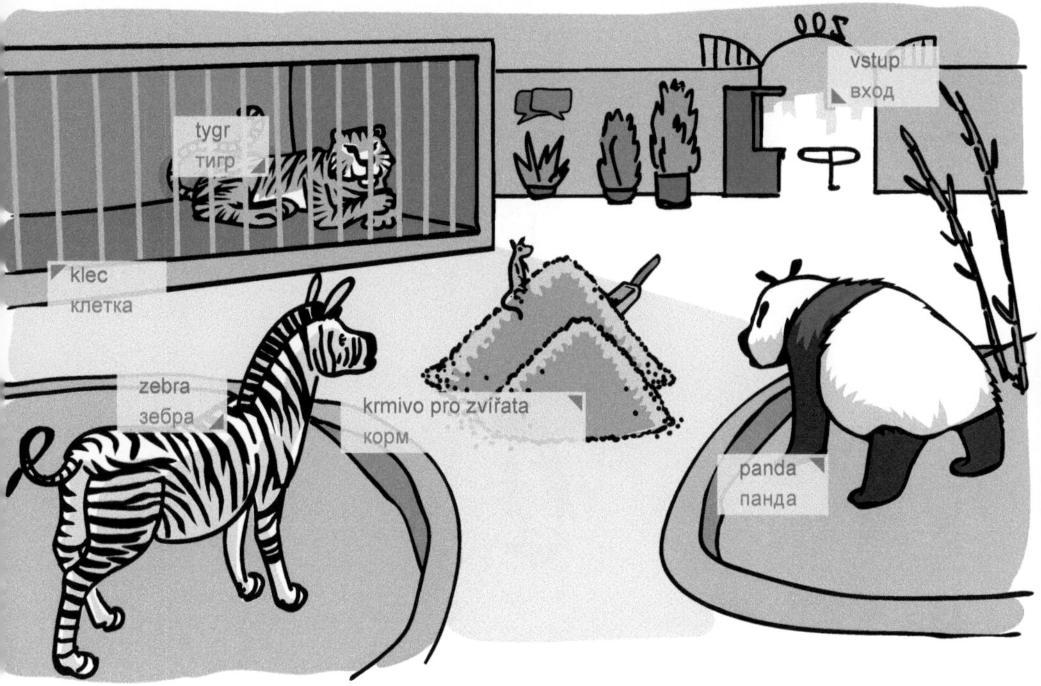

zoo
vstup
вход
tygr
тигр
klec
клетка
zebra
зебра
krmivo pro zvířata
корм
panda
панда

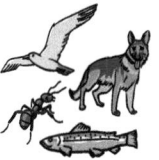

zvířata

животные

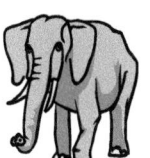

slon

слон

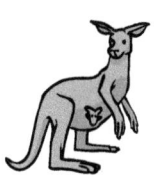

klokan

кенгуру

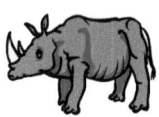

nosorožec

носорог

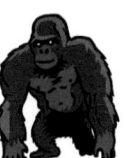

gorila

горилла

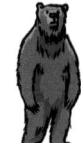

medvěd

медведь

velbloud

верблюд

pštros

страус

lev

лев

opice

обезьяна

plameňák

фламинго

papoušek

попугай

lední medvěd

белый медведь

tučňák

пингвин

žralok

акула

páv

павлин

had

змея

krokodýl

крокодил

ošetřovatel zvířat

служитель зоопарка

tuleň

тюлень

jaguár

ягуар

poník

пони

leopard

леопард

hroch

бегемот

žirafa

жираф

orel

орёл

divoké prase

кабан

ryby

рыба

želva

черепаха

mrož

морж

liška

лиса

gazela

газель

americký fotbal
американский футбол

cyklistika
езда на велосипеде

tenis
теннис

košíková
баскетбол

plavání
плавание

box
бокс

lední hokej
хоккей

kopaná
футбол

badminton
бадминтон

lehká atletika
лёгкая атлетика

házená
гандбол

běh na lyžích
лыжный спорт

vodní pólo
поло

aktivity
действия

skočit
прыгать
objímat
обнимать
smát se
смеяться
jít
идти
zpívat
петь
snít
мечтать
modlit se
молиться
políbit
целовать

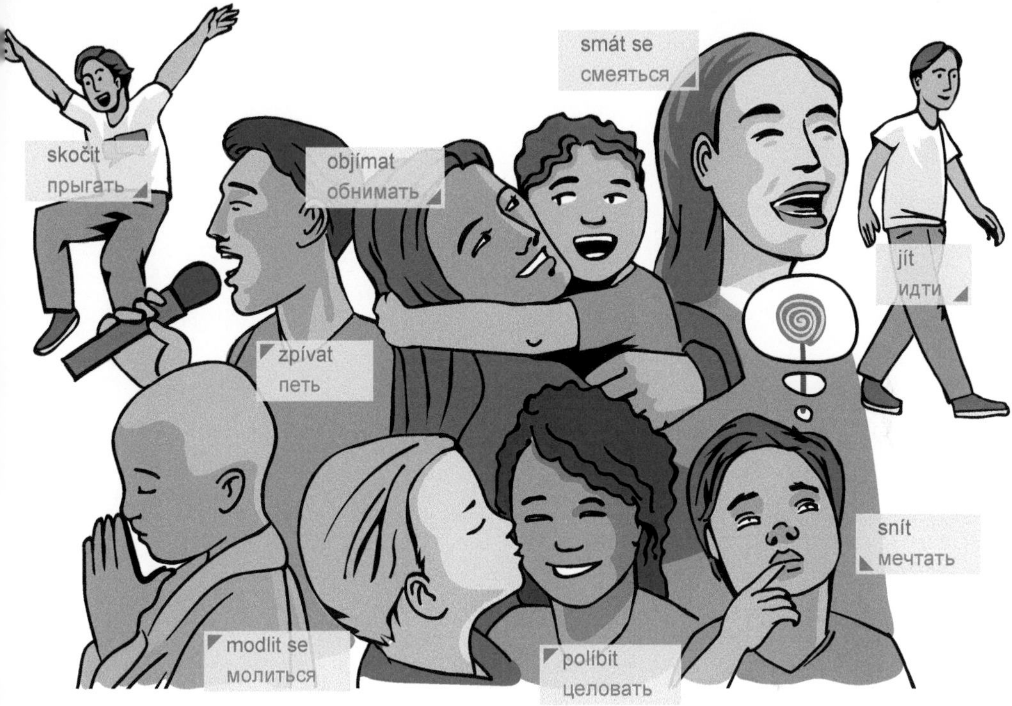

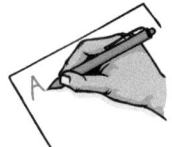

psát
писать

kreslit
рисовать

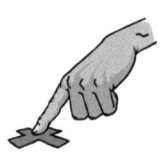

ukazovat
показывать

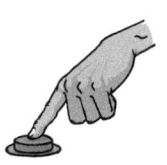

tlačit
нажимать

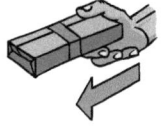

dát
давать

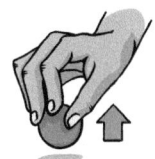

vzít si
брать

mít

иметь

dělat

делать

být

быть

stát

стоять

běhat

бежать

táhnout

тянуть

hodit

бросать

padat

падать

ležet

лежать

čekat

ждать

nosit

носить

sedět

сидеть

oblékat

надевать

spát

спать

vzbudit se

просыпаться

prohlédnout si

рассматривать

plakat

плакать

pohladit

гладить

česat

причесывать

hovořit

говорить

rozumět

понимать

ptát se

спрашивать

slyšet

слушать

pít

пить

jíst

кушать

uklidit

наводить порядок

milovat

любить

vařit

готовить

jet

ехать

letět

летать

plachtit

ходить под парусом

počítat

считать

číst

читать

učit se

учиться

pracovat

работать

vzít si

вступать в брак

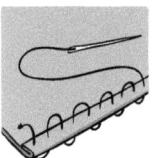

šít

шить

čistit si zuby

чистить зубы

zabít

убивать

kouřit

курить

poslat

отправлять

babička
бабушка

dědeček
дедушка

otec
папа

matka
мама

dítě
младенец

dcera
дочь

syn
сын

host

гость

teta

тетя

strýc

дядя

bratr

брат

sestra

сестра

tělo

тело

čelo
лоб
oko
глаз
rameno
плечо
prst
палец
obličej
лицо
brada
подбородок
ruka
кисть
dolní končetina
нога
hruď
грудь
paže
рука

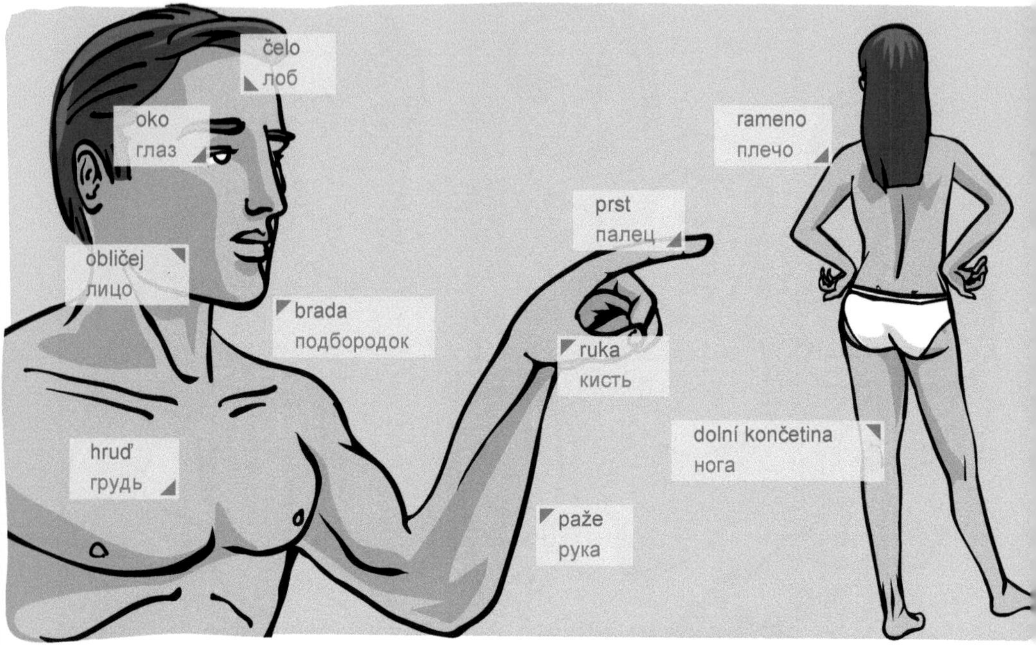

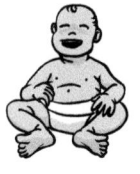

dítě

младенец

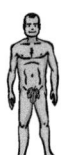

muž

мужчина

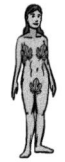

žena

женщина

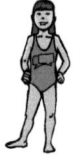

dívka

девочка

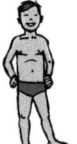

chlapec

мальчик

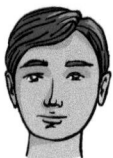

hlava

голова

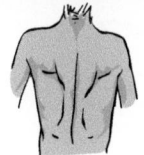

záda

спина

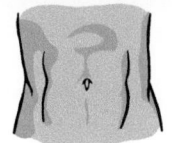

břicho

живот

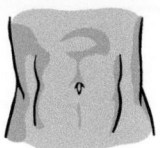

pupík

пупок

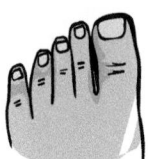

prst na noze

палец ноги

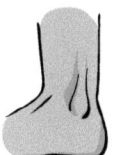

pata

пятка

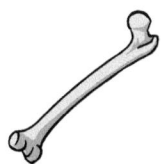

kost

кость

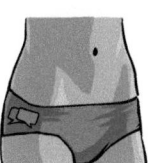

bok

бедро

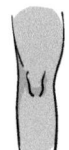

koleno

колено

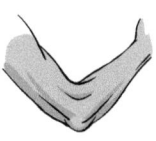

loket

локоть

nos

нос

zadek

ягодицы

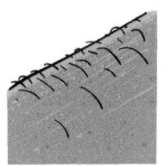

kůže

кожа

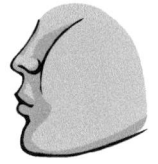

tvář

щека

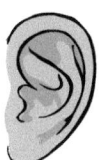

ucho

ухо

ret

губа

tělo - тело

ústa
рот

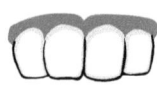

zub
зуб

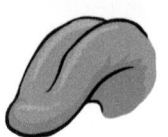

jazyk
язык

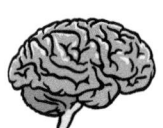

mozek
мозг

srdce
сердце

sval
мышца

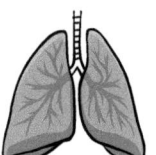

plíce
лёгкое

játra
печень

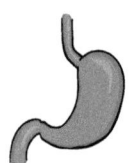

žaludek
желудок

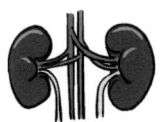

ledviny
почки

pohlavní styk
половой акт

kondom
презерватив

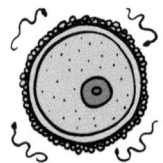

vajíčko
яйцеклетка

sperma
сперма

těhotenství
беременность

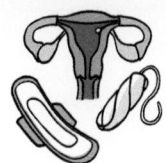

menstruace

менструация

vagina

вагина

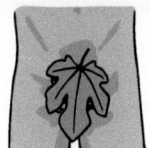

penis

пенис

oboči

бровь

vlasy

волосы

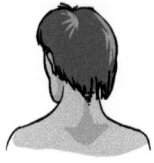

krk

шея

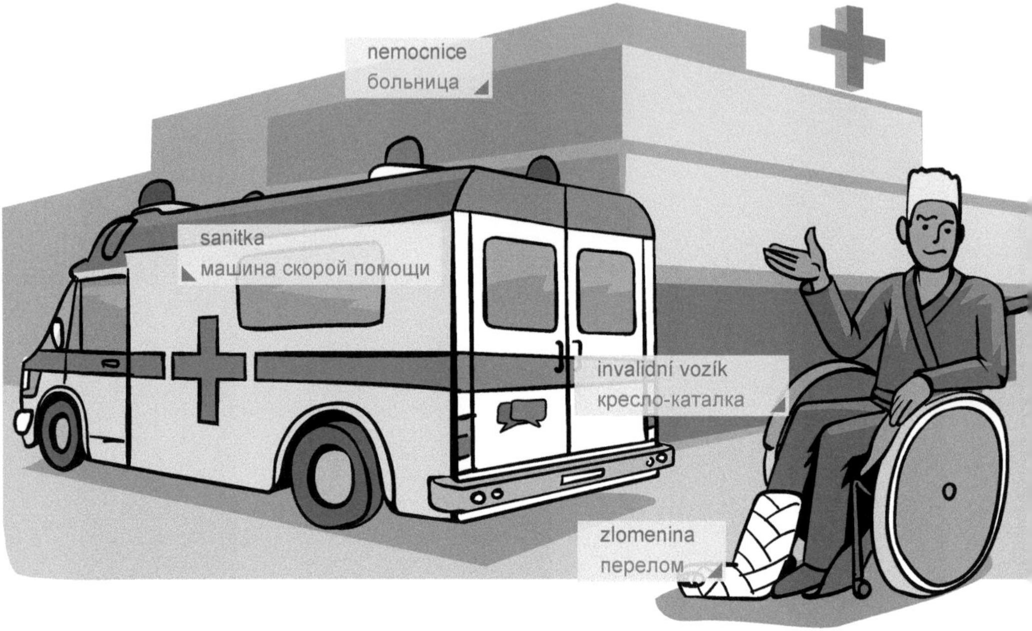

nemocnice
больница

sanitka
машина скорой помощи

invalidní vozík
кресло-каталка

zlomenina
перелом

lékař

врач

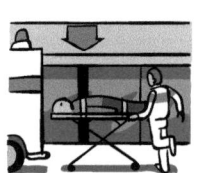

pohotovost

пункт первой помощи

zdravotní sestra

медсестра

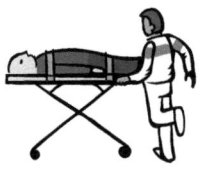

urgentní případ

неотложный случай

v bezvědomí

без сознания

bolest

боль

úraz

повреждение

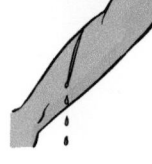

krvácení

кровотечение

infarkt myokardu

инфаркт

cévní mozková příhoda

инсульт

alergie

аллергия

kašel

кашель

horečka

повышенная температура

chřipka

грипп

průjem

понос

bolest hlavy

головная боль

rakovina

рак

cukrovka

диабет

chirurg

хирург

skalpel

скальпель

operace

операция

CT
KT

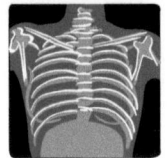

rentgen
рентген

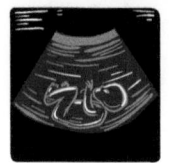

ultrazvuk
ультразвук

maska
маска

nemoc
болезнь

čekárna
приёмная

berle
костыль

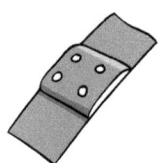

náplast
пластырь

obvaz
бинт

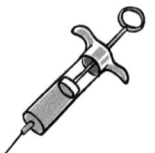

injekce
укол

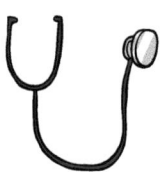

stetoskop
стетоскоп

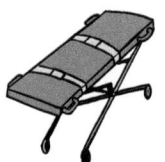

nosítka
носилки

teploměr
термометр

porod
рождение

nadváha
избыточный вес

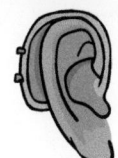

naslouchátko

слуховой аппарат

dezinfekční prostředek

дезинфекционное
средство

infekce

инфекция

virus

вирус

HIV / AIDS

ВИЧ / СПИД

lékařství

лекарство

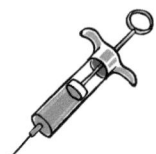

očkování

прививка

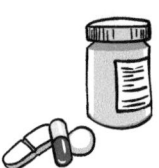

tablety

таблетки

pilulka

противозачаточная
таблетка

tísňové volání

экстренный вызов

tonometr

прибор для измерения
кровяного давления

nemocný / zdravý

больной / здоровый

Pomoc!

Помогите!

poplach

сигнал тревоги

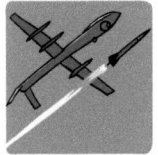

napadení

атака

nebezpečí

опасность

nouzový východ

запасной выход

Hoří!

Пожар!

hasicí přístroj

огнетушитель

přepadení

нападение

nehoda

несчастный случай

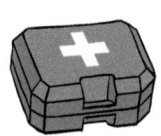

zdravotnická brašna

аптечка

SOS

SOS

policie

милиция

Evropa

Европа

Severní Amerika

Северная Америка

Jižní Amerika

Южная Америка

Afrika

Африка

Asie

Азия

Austrálie

Австралия

Atlantik

Атлантический океан

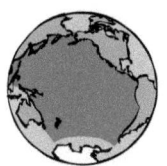

Pacifik

Тихий океан

Indický oceán

Индийский океан

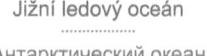

Jižní ledový oceán

Антарктический океан

Severní ledový oceán

Северный Ледовитый океан

severní pól

Северный полюс

jižní pól

Южный полюс

Antarktida

Антарктика

země

земля

pevnina

суша

moře

море

ostrov

остров

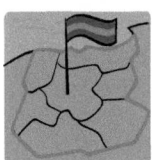

národ

нация

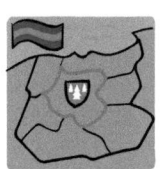

stát

государство

ciferník

циферблат

hodinová ručička

часовая стрелка

minutová ručička

минутная стрелка

vteřinová ručička

секундная стрелка

Kolik je hodin?

Который час?

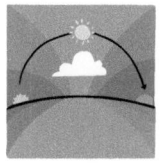

den

день

čas

время

teď

сейчас

digitální hodinky

электронные часы

minuta

минута

hodina

час

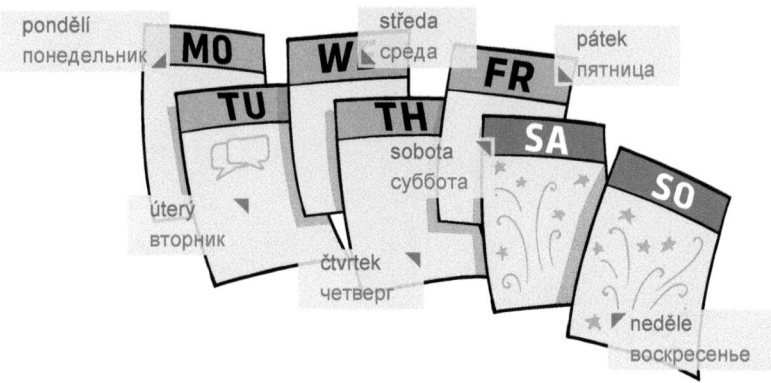

pondělí / понедельник — MO
úterý / вторник — TU
středa / среда — W
čtvrtek / четверг — TH
pátek / пятница — FR
sobota / суббота — SA
neděle / воскресенье — SO

včera
вчера

dnes
сегодня

zítra
завтра

ráno
утро

poledne
полдень

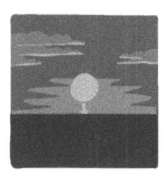

večer
вечер

MO	TU	WE	TH	FR	SA	SU
1	2	3	4	5	6	7
8	9	10	11	12	13	14
15	16	17	18	19	20	21
22	23	24	25	26	27	28
29	30	31	1	2	3	4

pracovní dny
рабочие дни

MO	TU	WE	TH	FR	SA	SU
1	2	3	4	5	6	7
8	9	10	11	12	13	14
15	16	17	18	19	20	21
22	23	24	25	26	27	28
29	30	31	1	2	3	4

víkend
выходные

rok

год

déšť
дождь
duha
радуга
vítr
ветер
sníh
снег
jaro
весна
podzim
осень
léto
лето
zima
зима

4.APRIL 11°
5.APRIL 4°
6.APRIL 13°
7.APRIL 8°
8.APRIL 10°

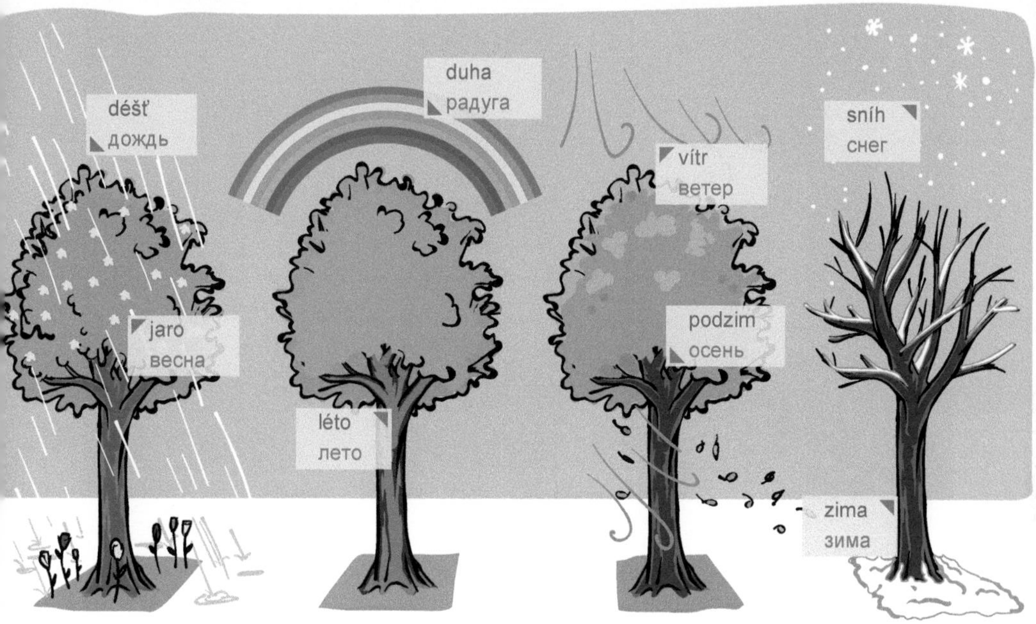

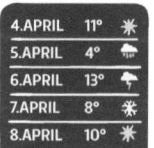

předpověď počasí

прогноз погоды

F
C
120
90
60
30
0
-30
40
30
20
10
0
-10
-20

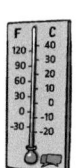

teploměr

термометр

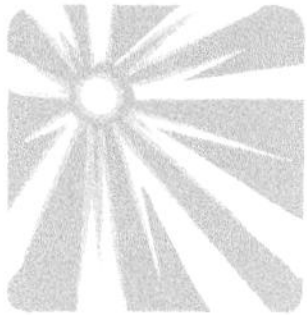

sluneční svit

солнечный свет

mrak

туча

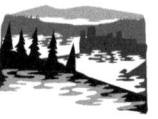

mlha

туман

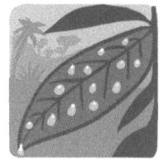

vlhkost

влажность воздуха

blesk

молния

hrom

гром

bouřka

буря

kroupy

град

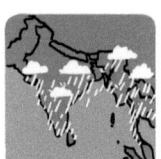

monzun

муссон

povodeň

наводнение

led

лёд

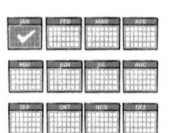

leden

январь

únor

февраль

březen

март

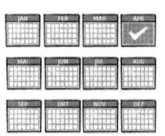

duben

апрель

květen

май

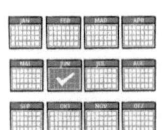

červen

июнь

červenec

июль

srpen

август

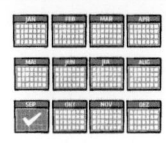

září

сентябрь

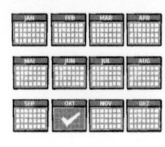

říjen

октябрь

listopad

ноябрь

prosinec

декабрь

tvary

формы

kruh

круг

čtverec

квадрат

obdélník

прямоугольник

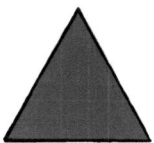

trojúhelník

треугольник

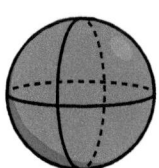

koule

шар

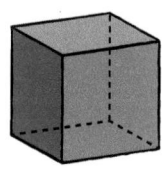

krychle

куб

bílá

белый

žlutá

желтый

oranžová

оранжевый

růžová

розовый

červená

красный

fialová

лиловый

modrá

синий

zelená

зелёный

hnědá

коричневый

šedá

серый

černá

черный

hodně / málo

много / мало

rozzuřený / mírumilovný

яростный / мирный

krásný / ošklivý

красивый / уродливый

začátek / konec

начало / конец

velký / malý

большой / маленький

světlý / tmavý

светлый / темный

bratr / sestra

брат / сестра

čistý / špinavý

чистый / грязный

úplný / neúplný

полный / неполный

den / noc

день / ночь

mrtvý / živý

мёртвый / живой

široký / úzký

широкий / узкий

jedlý / nejedlý

съедобный / несъедобный

zlý / hodný

злой / дружелюбный

vzrušený / znuděný

взволнованный / скучающий

tlustý / hubený

толстый / худой

nejdříve / naposledy

сначала / в конце

přítel / nepřítel

друг / враг

plný / prázdný

полный / пустой

tvrdý / měkký

твёрдый / мягкий

těžký / lehký

тяжёлый / легкий

hlad / žízeň

голод / жажда

nemocný / zdravý

больной / здоровый

ilegální / legální

незаконный / законный

inteligentní / hloupý

умный / глупый

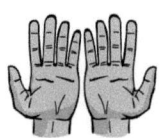

vlevo / vpravo

слева / справа

blízko / daleko

близко / далеко

nový / použitý

новый / подержанный

nic / něco

ничто / нечто

starý / mladý

старый / молодой

zapnutý / vypnutý

включено / выключено

otevřeno / zavřeno

открыто / закрыто

tichý / hlasitý

тихо / громко

bohatý / chudý

богатый / бедный

správný / špatný

правильный /
неправильный

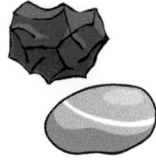

drsný / hladký

шероховатый / гладкий

smutný / šťastný

печальный / счастливый

krátký / dlouhý

короткий / длинный

pomalý / rychlý

медленный / быстрый

vlhký / suchý

мокрый / сухой

teplý / chladný

тёплый / прохладный

válka / mír

война / мир

0

nula

ноль

1

jedna

один

2

dva

два

3

tři

три

4

čtyři

четыре

5

pět

пять

6

šest

шесть

7

sedm

семь

8

osm

восемь

9

devět

девять

10

deset

десять

11

jedenáct

одиннадцать

12
dvanáct

двенадцать

13
třináct

тринадцать

14
čtrnáct

четырнадцать

15
patnáct

пятнадцать

16
šestnáct

шестнадцать

17
sedmnáct

семнадцать

18
osmnáct

восемнадцать

19
devatenáct

девятнадцать

20
dvacet

двадцать

100
sto

сто

1.000
tisíc

тысяча

1.000.000
milion

миллион

angličtina

английский

americká angličtina

американский английский

standardní čínština

мандаринский китайский

hindština

хинди

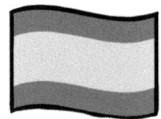

španělština

испанский

francouzština

французский

arabština

арабский

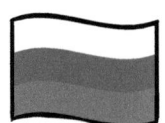

ruština

русский

portugalština

португальский

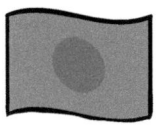

bengálština

бенгальский

němčina

немецкий

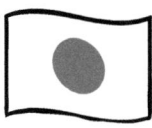

japonština

японский

já

я

ty

ты

on / ona / ono

он / она / оно

my

мы

vy

вы

oni

они

Kdo?

кто?

Co?

что?

Jak?

как?

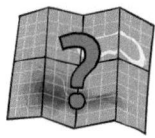

Kde?

где?

Kdy?

когда?

jméno

имя

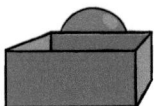

za

за

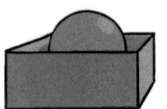

do

в

z

перед

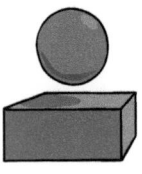

nad

над

na

на

mezi

под

vedle

рядом

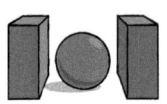

mezi

между

místo

место